돼지학교에 오신 것을 환영합니다!

백명식 글·그림

강화에서 태어나 서양화를 전공했습니다. 출판사 편집장을 지냈으며, 다양한 분야의 책과 사보, 잡지 등에 그림을 그리고 있습니다. 특히 어린이들이 좋아하는 책을 쓰고 그릴 때 가장 행복하다고 합니다. 그린 책으로는《WHAT 왓? 자연과학편》《책 읽는 도깨비》《자연을 먹어요 시리즈》등이 있으며, 쓰고 그린 책으로는《인체과학 그림책 시리즈》《맛깔나는 책 시리즈》《저학년 스팀 스쿨 시리즈》등이 있습니다. 소년한국일보 우수도서 일러스트상, 중앙광고대상, 서울일러스트상을 받았습니다.

한영식 감수

강원대학교 생물학과를 졸업하고, 현재 곤충생태교육연구소의 소장을 맡고 있습니다.《봄여름가을겨울곤충도감》《곤충학습도감》《물삿갓벌레의 배낭여행》《곤충들의 살아남기》등 어린이를 위한 곤충 도감과 책을 20여 권 집필했습니다. 저서《우리와 함께 살아가는 곤충이야기》는 개정 초등학교 교과서에 수록되기도 했습니다. 숲 해설가 양성과정 교육을 하고 있으며, KBS 스펀지와 EBS 등 여러 방송과 매체에서 곤충 관련 자문을 하고 있습니다.

개미지옥에 빠진 돼지

백명식 글·그림 | 한영식 감수

초판 인쇄일 2014년 2월 6일 | **초판 발행일** 2014년 2월 18일
펴낸이 조기룡 | **펴낸곳** 내인생의책 | **등록번호** 제10호-2315호
주소 서울시 강서구 가양동 52-7 강서한강자이타워 A동 306호
전화 (02)335-0449, 335-0445(편집) | **팩스** (02)6499-1165
전자우편 bookinmylife@naver.com | **홈카페** http://cafe.naver.com/thebookinmylife
편집장 이은아 | **책임편집** 이지연 | **편집** 신인수 이다겸 진송이 이민해 서영광
디자인 한은경 최원영 심재원 | **마케팅** 박영준 이성민 | **경영지원** 김지연

ISBN 978-89-97980-86-4 74080
ISBN 978-89-97980-45-1 (세트)

ⓒ 백명식, 2014

책값은 뒤표지에 있습니다.
잘못된 책은 구입처에서 바꾸어 드립니다.

이 도서의 국립중앙도서관 출판시도서목록(CIP)은 e-CIP홈페이지(http://www.nl.go.kr/ecip)와
국가자료공동목록시스템(http://www.nl.go.kr/kolisnet)에서 이용하실 수 있습니다. (CIP제어번호: CIP2014003138)

돼지 삼총사가 길을 잃은 애벌레 한 마리를 발견했어.
"이것 봐. 정말 귀여워."
데이지가 나뭇가지 위를 꼬물꼬물 기어가는 애벌레를
목을 빼고 지켜보며 말했어.
"이름이 뭐야?"
"몇 살이야?"
"엄마는 어디에 있어?"
삼총사가 물었지만 애벌레는 말을 할 줄 몰랐어.
애벌레가 엄마를 잃어버린 것 같았어.
삼총사는 애벌레를 '모모'라고 부르기로 했어.

"우리가 모모의 엄마를 찾아 주자."
데이지가 말했어.
"박사님은 모모의 엄마가 누군지 알고 계실 거야."
삼총사는 모모를 데리고 피그 박사님에게 갔어.
"곤충의 애벌레이니 곤충들을 찾아가서 물어보렴."
삼총사의 이야기를 들은 박사님이 웃으면서 말씀하셨어.
박사님은 왜 모모의 엄마가 누구인지 안 가르쳐 주시는 걸까?
삼총사는 할 수 없이 모모의 엄마를 직접 찾아 나서기로 했어.
"자, 이제부터 곤충의 세계로 가서 모모의 엄마를 찾아볼까?"
꾸리가 들뜬 목소리로 빨간 망토를 휘날리며 말했어.

꿀꿀 더 알아보기

벌레와 곤충은 같은 걸까?
흔히 벌레는 모두 곤충이라고 생각하기 쉬운데 그렇지 않아요. 벌레는 곤충과 곤충이 아닌 벌레를 모두 포함해 부르는 말이에요. 벌레 중에서 몸이 머리, 가슴, 배 세 부분으로 나뉘고, 다리가 여섯 개인 것만을 곤충이라고 해요.

삼총사는 숲 속 게시판에 모모의 엄마를 찾는다는 종이를 써서 붙였어.
거미 한 마리가 게시판 나무 위에서 열심히 집을 짓고 있었어.
"거미야, 혹시 이 애벌레가 네 아기니?"
삼총사가 모모의 사진을 보여 주며 물었어.
"아니. 내 아기는 그렇게 못생기지 않았어.
그리고 중요한 건 그 아이는 곤충이고, 난 아니라는 거야."
"네가 곤충이 아니라고?"
꾸리가 깜짝 놀라 거미에게 물었어.
"난 거미야. 곤충들과는 다르다고."

꿀꿀 더 알아보기

절지동물이란?
몸이 딱딱한 외골격으로 싸여 있고 몸과 다리가 여러 개의 마디로 이루어진 동물을 통틀어 절지동물이라고 해요.
절지동물에는 곤충류, 갑각류, 거미류, 다지류가 있어요.

폭탄먼지벌레가 뀌는 방귀는
독한 화학 물질이야.
이 독가스가 닿으면 무척 아프고
살이 부어오를 수도 있어.

"앗! 폭탄먼지벌레다."
숲 속을 걷던 데이지가 깜짝 놀라 소리쳤어.
덩달아 꾸리와 도니도 화들짝 놀라 걸음을 멈췄어.
낙엽 위에 조그만 폭탄먼지벌레가 붙어 있었어.
"건드리면 가스와 함께 방귀를 발사하는 무서운 녀석이야."
데이지가 설명하면서 잎을 치우자 방귀벌레가 후다닥 달아났어.
같이 있던 노린재와 방아벌레도 순식간에 사라졌어.

밤새 먹은 거야?

아침부터 왜 이리 소란스러워?

저녁이 되자 삼총사는 배가 고파졌어.
꾸리가 과자를 조금 떼어 모모에게 나누어 주었어.
모모는 머리를 살래살래 흔들었어.
이번에는 도니가 마시던 우유를 주었어.
모모는 이번에도 머리를 흔들었어.
"미안하지만 나는 줄 게 없어. 대신 내일 맛있는 먹이를 구해 올게."
데이지가 나뭇잎으로 모모의 잠자리를 만들어 주며 말했어.
그런데 다음 날 모모를 본 삼총사는 깜짝 놀랐어.
모모가 나뭇잎을 모두 갉아 먹어 버린 거야.

모모는 나뭇잎이 주식이었군.

꿀꿀 더 알아보기

곤충의 먹이

곤충들은 아주 다양한 먹이를 먹어요.
애벌레는 주로 식물의 잎을 갉아 먹어요.
진딧물, 방아벌레, 매미는 식물을,
나비와 꿀벌은 꽃가루와 꿀을 먹고
사슴벌레, 장수풍뎅이는 나뭇진을 먹어요.
잠자리나 사마귀는 다른 곤충을 잡아먹지요.
모기와 벼룩은 동물들의 피를 빨아 먹는
흡혈귀 같은 곤충이에요.

"곤충들은 먹는 것이 다르니까 먹이 때문에 싸울 일은 없겠네."
도니의 설명을 들은 꾸리가 말했어.
"어른벌레가 되면 날개가 생겨서 빨리 도망갈 수 있고,
알을 낳아서 자기 종족도 퍼뜨리고……"
도니가 곤충 박사처럼 말했어.
"모모가 다 자라면 무엇이 될까?"
데이지가 기대에 차서 말했어.
"나비? 벌?"
삼총사는 어른이 된 모모를 상상해 보았어.

난 종일 먹는 게 일이야.

머리
가슴
다리
배

꿀꿀 더 알아보기

애벌레와 어른벌레의 먹이는 같을까?

알에서 태어난 애벌레는 종일 먹기만 해요.
영양을 충분히 섭취해야 고치를 틀고
어른벌레가 될 수 있거든요.
애벌레가 어른벌레가 되면 먹이를 덜 먹고,
애벌레 때와는 다른 먹이를 먹어요.
그래서 곤충들의 먹이가 부족해지지 않지요.
약 4억 년 전에 나타난 작고 약한 곤충들이
오늘날까지 살아남은 비결이 여기에 있겠지요?

모모는 과연 무엇으로 변할까?
그때 초파리 한 마리가 삼총사에게 날아왔어.
"게시판을 보고 우리 아이인가 해서 찾아왔어."
"오, 초파리가 모모의 엄마인가 봐."
삼총사는 초파리에게 모모를 보여 주었어.
"우리 아이가 아니네."
초파리는 모모를 보고, 실망해서
숲 속으로 날아가 버렸어.

번데기를 거치지 않고 애벌레가 직접 어른벌레로 변하는 것을 불완전 탈바꿈이라고 해.

드디어 어른벌레가 되었어.

매미, 잠자리, 메뚜기 등이 여기에 속해.

안녕.

알 애벌레 허물

꿀꿀 더 알아보기

곤충의 탈바꿈이란?

곤충은 자라면서 모습을 바꿔요.
이것을 탈바꿈이라고 해요.
애벌레가 번데기를 거쳐서 어른벌레가 되는 것을
'완전 탈바꿈' 또는 '완전 변태'라고 해요.
완전 탈바꿈을 하는 곤충은
어른벌레가 되면 생김새가 아주 달라져서
애벌레의 모습만으로 어른벌레를 상상할 수 없어요.
애벌레는 여러 번 허물을 벗고 번데기가 되지요.
나비, 벌, 파리 등이 완전 탈바꿈을 한답니다.

삼총사는 모모를 데리고 숲 속을 헤맸지만 모모의 엄마를 못 찾았어.
아침 이슬에 촉촉하게 젖은 잎사귀에 메뚜기가 붙어 있었어.
"혹시 너희가 이 아이의 엄마니?"
삼총사는 기대를 가지고 물었어.
"아니. 우리 아기는 우리를 꼭 닮았는걸."
메뚜기도 모모의 엄마는 아니었어.
"이렇게 걸어 다니며 찾기는 너무 힘들어.
아무래도 연필호를 타고 찾아봐야겠어."
삼총사는 다시 박사님에게 도움을 청하러 갔어.

엄마, 쟤네는 누구야?

꿀꿀 더 알아보기

곤충들의 천적 관계

모든 생물에게는 그를 잡아먹는 천적이 있어요.
이렇게 먹고 먹히는 관계를 천적 관계라고 해요.
예를 들어 무당벌레는 진딧물을 잡아먹고,
잠자리는 모기와 파리를,
개구리는 잠자리, 모기, 파리를 잡아먹지요.
최근에는 이런 곤충들의 천적 관계를
이용해 작물의 해충을 예방하는
친환경 농업이 주목을 받고 있답니다.

박사님의 도움으로 삼총사는 작아진 연필호를 타고 들판으로 갔어.

들판에서 삼총사는 많은 곤충을 만났어.

삼총사는 벌에게 다가갔어.

"안녕. 이 아이의 엄마를 찾는데, 좀 도와줄래?"

"미안해. 우린 몹시 바빠."

벌은 말을 마치고 황급히 날아가 버렸어.

"참 쌀쌀맞은 친구로군. 좀 도와주면 안 돼?"

삼총사가 투덜거렸어. 하지만 삼총사도 곧 알게 되었지.

일벌뿐 아니라 들판에 사는 모든 곤충이 몹시 바쁘다는걸.

꿀꿀 더 알아보기

들판에 사는 곤충

들판에는 많은 곤충이 살고 있어요.
나비와 벌과 잠자리가 하늘을 날아다니고,
비가 온 땅 위에는 젖은 흙을 돌돌 말아
경단을 빚는 노랑점나나니가 있지요.
풀숲에는 찌르르 찌르르 우는 여치,
식물의 뿌리를 갉아 먹는 땅강아지가 있어요.
벼메뚜기는 떼를 지어 이동하며
벼 잎을 갉아 먹어서 농민들을 울린대요.

종일 들판을 쏘다니느라 지친 삼총사가 연구실로 돌아왔어.
"앗, 바퀴벌레다!"
삼총사가 불을 켜자마자 바퀴벌레 몇 마리가 재빨리 도망갔어.
앵앵 소리를 내며 파리도 날아다녔어.
먹다 남은 피자 조각 때문이었어.
"저리 가, 저리 가라고!"
도니는 두 손을 휘저으며 파리를 쫓았어.
그때 파리 한 마리가 느닷없이 도니에게 달려들었어.
박사님은 재빨리 파리채로 파리를 쫓으며 말씀하셨어.
"음식을 먹고 치우지 않으니까 바퀴벌레나 파리가 모여들지."

꿀꿀 더 알아보기

집 안에 사는 곤충

바퀴벌레는 어둡고 축축한 곳에 살아요.
숨어 있다가 밤이 되면 먹을 것을 찾아다니지요.
바퀴벌레는 음식 찌꺼기를 먹기 때문에
바퀴벌레를 없애려면 집을 깨끗이 하고
숨어 있을 만한 틈새를 없애야 해요.
사람의 머리카락이나 옷에 사는 이는
사람 몸에서 피를 빨아 먹어요.
하지만 요즘에는 잘 볼 수 없어요.
쌀바구미와 화랑곡나방은 곡식을 먹고 살아요.
여름철 쌀독에 잘 생겨요.

다음 날 돼지 삼총사는 작아진 연필호를 타고 연못으로 나갔어.
삼총사는 물 위를 떠다니는 소금쟁이를 만났어.
"안녕. 어떻게 그렇게 물에 뜰 수가 있니?"
"우리는 몸이 가볍기도 하지만, 보다시피 발에 털이 많거든."
도니의 물음에 소금쟁이가 대답해 주었어.
소금쟁이 말대로 소금쟁이의 발에는 잔털이 수북이 나 있었어.
"혹시 아기를 잃어버리지 않았니?"
꾸리가 기대를 가지고 물었어.

"아니. 우리 아기들은 물속에서 무럭무럭 잘 자라고 있어."
소금쟁이의 말을 듣자 아기들이 어떻게 자라는지 궁금해졌어.
삼총사는 연필호로 잠수해 연못 아래를 둘러보았어.
물풀 사이에서 엄청나게 많은 알이 자라고 있었어.
"와, 저걸 봐! 물자라가 알을 등에 업고 다녀."
데이지가 물자라를 보고 신기해하며 소리쳤어.

꿀꿀ㅌ 더 알아보기

물에 사는 곤충

물 위에는 소금쟁이와 물맴이가 떠다녀요.
물속에는 어른벌레보다 애벌레가 더 많아요.
물속에서 애벌레 시절을 보내는 곤충으로는
잠자리, 모기, 하루살이가 있어요.
물장군, 게아재비, 물자라, 장구애비도
물속에서 만날 수 있어요.
물속을 청소하는 청소부 곤충들도 있지요.
물방개는 죽은 물고기를 먹고,
물땡땡이는 썩은 풀이나 물고기 똥을 먹어요.

장수말벌집

"개미귀신 녀석은 가만히 있어도 먹이가 굴러들어 오는군."

물에서 나와 헤매던 삼총사가
개미 떼를 발견했어.
"혹시 너희 중에 이 아이의 엄마가 있니?"
"우리는 여왕님만 알을 낳을 수 있어.
궁금하면 여왕님께 직접 여쭤 봐."
삼총사는 먹을 것을 나르는
개미들을 쫓아갔어.

"오, 어서 와 맛있게 먹어 줄게."

우르르 쿵!
갑자기 땅이 꺼지면서 개미들과 연필호가 구덩이 속으로 빨려 들어갔어.
"개미지옥이다!" 개미들이 소리쳤어.
개미들과 삼총사는 다시 위로 올라가려 애를 썼지만
자꾸 아래로 미끄러지기만 했어.
"속도를 최고로 올려. 저기 개미귀신이 오고 있어!"
도니가 소리쳤어.
"개미들아, 우리를 잡아!"
연필호는 속도를 올려 겨우 개미지옥을 빠져나갈 수 있었어.
개미들도 연필호를 붙잡고 줄줄이 개미지옥을 탈출했어.

꿀꿀 더 알아보기

개미귀신은 절구 모양의 둥지를
파 놓고 거기로 떨어지는 개미 같은
작은 곤충을 잡아먹어요.
개미귀신은 명주잠자리의 유충이에요.
큰턱으로 먹이를 물어서 녹인 다음
체액을 빨아 먹지요.
개미귀신은 뒷걸음으로 빙글빙글
돌면서 둥지를 만드는데,
개미들이 한번 들어오면
빠져나갈 수 없어
개미지옥이라고 불러요.

꿀꿀 더 알아보기

숲 속에 사는 딱정벌레

참나무 숲에 가면 딱정벌레인
사슴벌레와 장수풍뎅이를 볼 수 있어요.
이 곤충들은 나뭇진을 먹고 살아요.
그리고 딱딱한 갑옷을 입고
무서운 뿔을 지녔답니다.
멋진 외모 덕분에
애완용으로 인기가 많아요.

생명을 구해 준 보답으로 개미들은 삼총사를 집으로 초대했어.
땅속에 여러 층으로 지어진 집에는 방마다 팻말이 있었어.
"여기는 먹이를 저장하는 방이야."
일개미들이 열심히 일하고 있었어.
"너희는 집에서도 일을 하는구나."
그런데 어디선가 노랫소리가 흘러나왔어. 수개미 방이었어.
"쟤들은 뭔데 놀기만 해?" 삼총사가 물었어.
"수개미들은 짝짓기 말고는 아무것도 안 하거든."
일개미는 당연하다는 듯 말하며 삼총사를 보육실로 안내했어.
하얀 아기 개미 수백 마리가 요람에서 옹알이하는 모습이 보였어.
여왕개미 방으로 들어가려 하자 병정개미들이
삼총사를 가로막으며 말했어.
"여왕님께서 출산 중이니 잠시 기다려!"

꿀꿀￩ 더 알아보기

사회를 이루어 사는 곤충

개미들은 집을 지어 함께 살며 애벌레를 기르지만
철저하게 신분이 나뉘어 있어요.
일개미는 평생 일을 하며 식량을 구해요.
여왕개미는 알을 낳고
날개가 달린 수개미는 짝짓기만 해요.
개미들은 페로몬이라는 물질을 통해
일할 때나 위급할 때 소통할 수 있어요.
벌도 개미처럼 사회를 이루어 살아요.
대가족을 이루어 각자 맡은 일을 열심히 하고
여왕벌에게 충성을 다하지요.

드디어 삼총사가 여왕개미를 만났어.
여왕개미는 다른 개미들과 달리 덩치가 컸어.
"어떻게 혼자서 이 큰 개미 왕국을 통치하세요?"
데이지가 존경스러운 눈빛으로 여왕개미에게 물었어.
"우리는 이웃 나라와 서로 돕고 살아요."
"어떻게요?"
"진딧물 왕국이 우리에게 식량을 공급해 줘요."
"그럼 개미 왕국에서는 무엇을 해 주나요?"
"진딧물 백성을 무당벌레로부터 지켜 주지요."
개미왕국을 나오면서 삼총사는 서로 도우며
살겠다고 다짐했어.
그새 모모는 몸이 부쩍 자랐어.

꿀꿀 더 알아보기

공생과 기생 관계

개미와 진딧물은 공생 관계예요.
공생은 다른 종류의 두 생물이 한곳에
살면서 서로에게 도움을 준다는 뜻이에요.
그런가 하면 다른 생물의 몸에 자리 잡고,
먹이를 가로채는 기생 곤충도 있어요.
벼룩과 이는 사람 몸에 기생하면서
피를 빨아 먹고 살지요.
청벌은 호리병벌의 집이나
쐐기나방의 번데기 속에 알을 낳고,
그 속에서 애벌레를 기른대요.

여왕님, 잘 부탁드려요.

반가워요. 진딧물 씨.

맴맴맴 맴매앰.
"어유, 시끄러워!"
"매미들이 짝짓기를 하려고 내는 소리야."
도니가 매미 울음소리에 신경질을 내자 꾸리가 말했어.
"짝짓기?"
"어른 매미는 보름 정도밖에 못 살아. 그래서 그 안에 짝짓기를
끝내야 해. 암컷에게 잘 보이려고 큰 소리로 우는 거야."
"보름밖에 못 살다니 불쌍하다."
갑자기 도니는 매미가 불쌍하다는 생각이 들었어.

암컷이 수컷보다 큰 곤충이 많아.

목숨을 건 짝짓기란다.

꿀꿀 더 알아보기

곤충들의 짝짓기

짝짓기를 할 때가 되면 매미는 큰 소리로 울고,
반딧불은 반짝반짝 빛을 내서 암컷에게 잘 보이려고 해요.
잠자리는 암컷과 수컷이 꽁무니를 잡고 공중을 날아다녀요.
적의 공격을 피하기 위해서 날아다니며 짝짓기 하는 거예요.
사마귀는 짝짓기 하는 동안 암컷이 수컷을 잡아먹기도 해요.
다양한 먹잇감을 먹으면 그 양분으로 많은 알을 낳을 수 있거든요.
한편 진딧물처럼 짝짓기 없이 혼자 번식하는 곤충도 있답니다.
곤충들의 짝짓기는 참 다양하지요?

모모가 꿈쩍도 하지 않더니 어느새 번데기로 변했어.
"사마귀가 나타나면 어떡하지?"
데이지는 번데기가 된 모모가 걱정됐어.
몸을 움직이지 못해서 적이 와도 싸우거나 도망갈 수 없을 테니까.
"전에 사마귀가 나타났을 때는 모모가 노란 뿔을 내밀더니
고약한 냄새로 쫓아 버렸잖아."
"모모에게는 우리가 모르는 비밀 병기가 있을 거야."
도니와 꾸리의 말에도 데이지는 여전히 불안했어.
"그래도 안 되겠어. 모모가 깨어날 때까지만 지켜 주자."
매일 밤 삼총사는 보초를 섰지만 사마귀는 고사하고
어느 누구도 얼씬하지 않았어.
번데기가 된 모모는 몸이 나뭇가지와
같은 색이라 아무도 알아채지 못했거든.

꿀꿀 더 알아보기

곤충의 보호 본능

곤충은 다양한 방법으로 자기를 천적으로부터 보호해요.
무당벌레는 공격을 받으면 죽은 시늉을 하고
고약한 냄새가 나는 노란 액체를 뿜어내요.
호랑나비의 애벌레는 노란 뿔을 내밀며 고약한 냄새를
풍겨서 적을 쫓지요.
주변 환경과 비슷한 보호색으로 몸을 숨기기도 해요.
나무줄기와 같은 색인 사향제비나비,
풀잎과 같은 색인 베짱이와 메뚜기가 그렇지요.
모양까지 비슷한 경우도 있어요.
나뭇가지 흉내를 내는 대벌레,
잎사귀와 비슷한 나뭇잎벌레가 있지요.

"앗, 따가워! 모기가 또 물었어."
도니가 울상을 지었어.
"아무래도 안 되겠어. 약을 뿌려야지."
"약은 안 돼! 모모에게 안 좋아."
모기에 시달렸지만 데이지는 약을 뿌리는 걸 반대했어.
"제발 모모야, 모기와 같은 해충은 되지 말아다오."
모기에 물린 도니가 얼굴을 찡그리며 말했어.
팔다리 여기저기가 벌겋게 붓고, 울퉁불퉁 혹이 났어.
도니는 모기가 정말 싫었어.

꿀꿀 더 알아보기

사람들이 반기는 곤충은?

사람에게 해를 끼치는 곤충을 해충이라고 해요.
파리와 모기, 벼룩은 병원균을 옮겨
질병을 퍼뜨리는 대표적인 해충이에요.
송충이와 노린재, 벼물바구미는
농작물을 갉아 먹거나 상하게 하지요.
하지만 사람들이 반기는 곤충도 있어요.
진딧물을 잡아먹는 무당벌레,
옷감의 실을 만드는 누에고치처럼 사람에게
이로움을 주는 곤충을 익충이라고 불러요.
해충이면서 익충인 곤충도 있어요.
배추흰나비는 애벌레일 때는 배추 잎을 갉아 먹지만,
나비가 되면 꿀을 먹으면서 꽃가루를 옮기거든요.

한여름의 열기는 사라지고 찬바람이 불기 시작했어.
하지만 번데기가 된 모모는 깨어날 줄 몰랐어.
"머잖아 겨울이 올 텐데, 왜 모모가 안 깨어나죠?"
데이지가 발을 동동 구르며 박사님에게 물었어.
"곤충도 겨울잠을 잔단다."
"곤충이 겨울잠을요?"
박사님 말씀에 데이지가 눈을 동그랗게 뜨고 물었어.
"그렇단다. 걱정 말고 기다리렴. 봄이 되면 모모는 너희를 찾아올 거야."

꿀꿀～ 더 알아보기

곤충의 겨울나기

곤충은 주변 온도에 따라 몸의 온도가 변해요.
그래서 땅속이나 바위 밑, 나무껍질 속에서
추운 겨울을 나지요.
알이나 번데기의 형태로 겨울을 나는 곤충에는
귀뚜라미, 메뚜기 등이 있어요.
반면 노린재와 먼지벌레, 말벌은 어른벌레로
겨울을 나지요.
나비는 알, 애벌레, 번데기, 어른벌레 등 종류에
따라 다양한 형태로 겨울을 나요.

이듬해 햇빛이 눈부신 봄날이었어.
삼총사의 요새로 호랑나비 한 마리가 날아들었어.
호랑나비는 팔랑팔랑 날아오더니 삼총사 곁을 떠나지 않았어.
"모모야, 다시 만나서 반가워!"
삼총사는 호랑나비가 모모라는 걸 알 수 있었어.
그 호랑나비한테서 어렴풋이 모모의 냄새가 났거든.
애벌레 모모가 멋진 호랑나비가 된 거야!
삼총사와 모모는 숲 속을 뛰어다니며 즐겁게 놀았어.

모모의 엄마는 호랑나비였구나!

나비야, 나비야.
이리 날아오너라.

호랑나비 모모야,
춤을 추며 오너라.

용감한 돼지 삼총사와 떠나는 창의적 융합과학 교과서

돼지학교 과학

돼지학교 시리즈는 초등 과학의 4가지 영역인 생명, 지구와 우주, 물질, 운동과 에너지 분야를 재미있는 이야기를 통해 아이들 스스로 과학적 지식을 익힐 수 있게 구성된 과학 책입니다. 돼지 삼총사와 함께 떠나는 신 나는 과학 여행! 그 속에서 여러 가지 미션을 수행하며 자연스럽게 창의적 문제 해결력을 키울 수 있습니다.

한 권 한 권 읽을 때마다 과학 지식이 차곡차곡!

돼지 삼총사와 떠나는 모험으로 과학적 호기심이 쑥쑥!

흥미로운 이야기로 창의적 문제 해결력이 팍팍!

돼지학교 과학

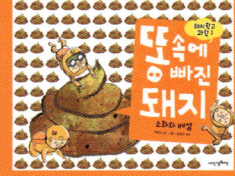  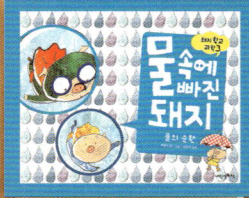  

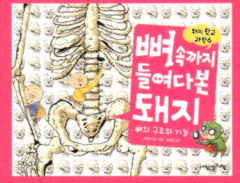    

돼지학교 과학 11
자동차 속으로 들어간 돼지
교통과학

돼지학교 과학 12
갯벌에 빠진 돼지
갯벌

돼지학교 과학 13
미생물을 연구하는 돼지
미생물

돼지학교 과학 14
땅속으로 들어간 돼지
지층과 화석

돼지학교 과학 15
열 받은 돼지
핵과 에너지

돼지학교 과학 16
로켓을 탄 돼지
로켓과 탐사선

돼지학교 과학 17
알을 탐험하는 돼지
알과 껍데기

돼지학교 과학 18
바다로 들어간 돼지
고래

돼지학교 과학 19
마법 부리는 돼지
산과 염기

돼지학교 과학 20
로봇 속으로 들어간 돼지
로봇